孩子，
请把你的耳朵转过来

赢得孩子真心的合作，
又让他没有抗拒和难过的感觉

[芬兰]本·富尔曼/著　李红燕/译

图书在版编目（CIP）数据

孩子，请把你的耳朵转过来/(芬)本·富尔曼(Ben Furman)著；(芬)李红燕译. --北京：华夏出版社有限公司，2020.1
ISBN 978-7-5080-9877-7

Ⅰ.①孩… Ⅱ.①本… ②李… Ⅲ.①家庭教育Ⅳ.①G78

中国版本图书馆CIP数据核字（2019）第238394号

© Ben Furman
版权所有 翻印必究
北京市版权局著作权合同登记号：图字 01-2019-3439号

孩子，请把你的耳朵转过来

作 者	[芬] 本·富尔曼	
译 者	[芬] 李红燕	
责任编辑	王凤梅	
责任印制	刘 洋	

出版发行	华夏出版社有限公司
经 销	新华书店
印 刷	北京华宇信诺印刷有限公司
装 订	三河市少明印务有限公司
版 次	2020年1月北京第1版　2020年1月北京第1次印刷
开 本	787×1092　1/16开
印 张	7.5
字 数	30千字
定 价	56.00元

华夏出版社有限公司　网址：www.hxph.com.cn　电话：(010) 64663331（转）
地址：北京市东直门外香河园北里4号　邮编：100028
若发现本版图书有印装质量问题，请与我社营销中心联系调换。

目录

推荐序 1：至简的养育大道	001
推荐序 2：成为孩子生命中的"贵人"	004
推荐序 3：遇见生命中更好的自己	006
作者序：让养育孩子成为一件快乐的事	009

01 如何赞美孩子　　001

方法 1　用感谢来称赞	004
方法 2　闲话式的夸奖	006
方法 3　非语言赞许	008
方法 4　通过提问来称赞	010
方法 5　称赞孩子的努力	012
方法 6　玩笑式的赞美	014
孩子对赞美反感怎么办	016
称赞引发了嫉妒怎么办	018
不要将孩子跟其他孩子做比较	023

02　巧用"五指规则"赢得孩子真心的合作　　　027

1　联结指　确认孩子听得到你讲的话　　　032
2　请求指　清楚地告诉孩子你想让他做什么　　　035
3　解释指　帮助孩子理解你的请求　　　038
4　鼓励指　通过鼓励来激发孩子的信心　　　043
5　合约指　约法三章并决定提醒约定的方式　　　045

03　如何让养育者通力合作　　　051

建议1　尽量避免批评或指责对方　　　055
建议2　从欣赏和理解入手　增强对方的合作意愿　　　056
建议3　愿意通力合作　　　058
建议4　征询意见　　　060
建议5　讨论技能学习　而不是讨论问题本身　　　062
建议6　面对无法接受的行为　应柔中带刚地处理　　　064
建议7　变批评为对话　　　066

04　如何化解孩子成长中的问题和困扰　　　069

孩子需要学习什么技能　　　074

把问题可以转化为可以学习的技能

激发动机 078
这里有五个有效的方法可以帮助孩子强化学习新技能的动机和愿望

支持孩子 083
支持者可以用不同的方法来支持孩子们学习技能

05　六大步骤 有效处理孩子的不当行为 085

引导孩子为自己的行为负责 087

第一步　跟孩子讨论事件 088

第二步　帮助孩子理解为什么这样做是错的 089

第三步　帮助孩子想清楚他为什么要道歉和怎样道歉 091

第四步　帮助孩子想一想怎样去弥补伤害 092

第五步　请孩子承诺不再犯同样的错误 并帮助他想一想怎样做才能信守承诺

094

第六步　让孩子告诉你 他会如何帮助其他也做了类似事情或有可能去做类似事情的孩子 096

如果孩子不承认自己做错了 怎么办 097

写在最后的话 101

推荐序 1
至简的养育大道

遇到富尔曼医生是我生命的转折点。

2010 年学习了教练技术后,我决定重新规划自己的后半生——做一个能够帮助他人,也能让自己快乐的家庭亲子教练。冥冥之中的安排,让我遇到了芬兰的富尔曼医生以及他创建的神奇的"儿童技能教养法"(《儿童技能教养法》《从故事里学儿童技能教养法》已由华夏出版社出版),我的人生从此不同。不仅我做的事情跟以前不一样,更重要的变化是我的思考方式完全变了,那个从前被各种"问题"和各种念头缠绕的脑子好像变得"空"了起来,变得简单而快乐了,这一切变化都要归功于富尔曼老师。

2013 年,第一次把富尔曼医生请到中国讲课时,我心里只是想拜他为师,让自己成为"儿童技能教养法"在中国的第一位认证教练,帮助有需要的中国家长和孩子,结果我却见证了富尔曼至简的"儿童技能教养法"家长课堂的魅力和神奇。富尔曼医生挑选了五大议题作为家长课堂的五个模块,通过精心设计的练习,巧妙地将"儿童技能教养法"的精髓植入学员的内心,这实在是太有意思了。这五个议题,也是五个技能,看似简单,却能产生神奇的蜕变,令我想到"道生一,一生二,二生三,三生万物"的名言。那些妙趣横生的小练习,以游戏和体验的方式,让人领悟其中的道理,在笑声中开启智慧,令人产生强烈的实践冲动,因而让我和我的伙伴们着了迷!

富尔曼医生是一位著名的极富创新力的焦点解决大师。"让高大上的心理学为普通大众服务"是他毕生的愿望。他设计了很多基于焦点解决之道的教练工具以及自我帮助的APP,希望能够用最轻松和最简单的方式帮助每个需要帮助的人转念,跳出"问题"的陷阱。无论是他在工作坊中带领大家做的练习,还是他设计的那些工具、APP,乃至他的著作,都能"四两拨千斤"地唤醒你的自我觉察,让你充分体味大道至简的风格。有时候我很惊异他是怎么做到的!

记得有一次我跟他感慨这些,他说,有一位瑞典的培训师回应他的学员时说道:"我没有教什么,我只是提醒了大家几件最简单的事,那就是记得说'你好!''谢谢!'和'对不起!'"想想还真是的,"儿童技能教养法"的家长课堂只有五节课,只教给家长几个简单的沟通技能,就能帮助家长成为养育孩子的高手。

这本《孩子，请把你的耳朵转过来》是富尔曼医生专门为那些没有机会亲自来到家长课堂的养育者写的一本书，也可以作为参加了家长课堂的养育者的延伸读物，它凝聚了富尔曼医生过去三十多年将焦点解决心理学应用于亲子教育实践的重要心得。秉承富尔曼医生一贯的风格，大道至简，朴素而深刻，本书分享的都是满满的"干货"。如果你没有机会参加"儿童技能教养法"的家长课堂，希望这本书能够给你一些启迪，让你学会用有效的方法支持孩子的成长，改善亲子关系和养育氛围，并能帮助你提升人际沟通能力。

感谢华夏出版社愿意用这个新的版式出版富尔曼医生的《孩子，请把你的耳朵转过来》。在我看来，这个北欧风格的简单版式跟"儿童技能教养法"大道至简的内涵很契合。书里面的内容也许一个下午就可以读完，却值得用一辈子去实践和反思！

李红燕

2019年8月18日

于芬兰家中

推荐序 2
成为孩子生命中的"贵人"

在焦点解决短期治疗（Solution-focused brief therapy，简称 SFBT）的世界里，富尔曼医生是重要的代表人物之一。认识富尔曼医生十多年来，他饶富创意的赤子之心总令我印象深刻，但更令我钦佩的是，富尔曼医生除了拥有丰富的儿童心理治疗经验之外，他还将 SFBT 的理念与技术，转化为普通家长与教师可以理解与操作的、有效帮助孩子的方法。《孩子，请把你的耳朵转过来》正是富尔曼医生向大众介绍这些方法的又一重要的著作。

家长与教师是经常与孩子相处的重要他人，与心理咨询师的角色有所不同，因而与孩子互动的方式也会有所不同。在 SFBT 的观点里，家长与教师都是引导孩子成长的带领者，所以，这些对孩子影响深远的成人对孩子的赞美对孩子的成长非常关键，而其如何启发孩子的策略也绝不可少。《孩子，请把你的耳朵转过来》正是一本介绍这些策略的沟通工具书。

不过，需提醒读者的是，《孩子，请把你的耳朵转过来》里的内容，虽然看似简单易懂，但实际上需要持续不断地练习，如此才能将其精髓熟练运用于日常生活中。当然，也唯有对书中所彰显的对孩子独特生命的尊重真心信奉时，才能在和孩子的相处互动中游刃有余。

祝福所有的家长与教师，能够成为孩子生命中的"贵人"。

许维素

台湾师范大学教育心理与辅导教授

2019年10月

推荐序 3
遇见生命中更好的自己

2012年冬天,我遇见了富尔曼先生的"儿童技能教养法"中国传播第一人——李红燕老师,并走进了红燕老师的"儿童技能教养法"家长课堂。那是令我难以忘怀的一课,它打开了我的心扉,温暖了我的心灵。此后,我又多次走进了富尔曼先生在北京的工作坊。我爱上了简单而神奇的"儿童技能教养法",开始用"儿童技能教养法"的语言和我的学生、家人、朋友对话,用"儿童技能教养法"的思维方式去思考教育管理问题、进行教学设计,尝试用"儿童技能教养法"重建与孩子们以及周围其他人的关系。

"纸上得来终觉浅,绝知此事要躬行"。2013年,我在红燕老师、富尔曼先生的指导下,开始在我教授的班级里运用"儿童技能教养法",并在2014年承担了"最棒班集体项目"在中国的首次实验。

6年时光里,"儿童技能教养法"就像是神奇的魔法棒,令我的每一天都过得充实而温暖,令我的每一步都走得坚定而有力。对学生,我做到了零惩罚、零训斥;对家长,我做到了零指责、零抱怨。6年来,我运用"儿童技能教养法"解决了无数个教育难题。对于我教授的班级里发生的每一件事，我从未简单粗暴地处理，而是用我所领悟到的"儿童技能教养法"去倾听孩子的表述，启发孩子思考，引领孩子找到解决问题的办法，鼓励孩子发现同学的优秀、进步和努力，让每个孩子都感觉到自己是班级中最重要的一员，让每个孩子都相信自己可以成为同学学习技能的支持者、鼓励者、合作者，让每个孩子在班级里都有存在感、价值感、归属感。

每年开学伊始，一年级新生家长们都会如约走进我的家长课堂，学习这本书上的所有知识。这本书虽然初读时会感觉平淡无奇，但真正运用起书中的知识来却会感觉这本书似乎有无穷的魔力。每一年的家长课堂后，很多家长朋友给我写信表达他们的感谢和感动，讲述他们小小的改变给自己、孩子和家庭带来的惊喜。

作为老师，我能把这么好的方法带给这些家庭，让这些家庭的孩子受益，于我而言，是一件幸福、美好而有意义的事情。毋庸置疑，每一位遇见且践行"儿童技能教养法"的朋友都是幸运的。

在我实践"儿童技能教养法"的两千多个日夜里，我得到了红燕老师、富尔曼先生毫无保留的引领与指导，他们用实际行动诠释了什么是教育：教育是基于生命的。对于生命本身而言，所有的可量化指标都无足轻重，最好的教育成果就是孩子们被滋养的心灵、喜人的变化和幸福的成长。

刘峰

2019年10月

> 刘峰，中国人民大学人大附属中学实验小学教师，教育管理硕士，北京市特级教师。芬兰"儿童技能教养法"认证使者，芬兰"儿童技能教养法家长课堂"国际认证引领师。首位在中国的小学班级里实践芬兰"儿童技能教养法——最棒班集体项目"的班主任。

作者序

让养育孩子成为一件快乐的事

我的同事曾经跟我说:"本,你给专业人员写了那么多关于如何帮助孩子克服困扰的书,其实你也应该给普通的家长写点儿什么才对。"我以前总是回答:"我的书都写得很简单,虽然是写给专业人员的,可是都写得很容易理解,家长读那些书应该是没有问题的,甚至连祖父母也都能够理解。""可是你的'儿童技能教养法'有15步,你不觉得这对家长来说步骤太多了吗?"我的同事抗议道,"你应该写点儿更简单的、让每个人都能懂、都能做的书。"我为此思考了很多年,最后不得不同意同事的说法,接受了同事的建议。

我经常被邀请到学校或幼儿园给家长做讲座。经过各种尝试,我找到了一种能够有效地向家长传递那些理念的方法。事实上,为了帮助家长理解"儿童技能教养法"的基本原则及其背后的哲学理念,我和我的同事们一起开发了一个针对家长的有五个模块的简短培训课程。每个模块里都有一些有趣的练习或游戏,能让家长觉察到自己旧有的思维模式,理解基于焦点解决的新思维方式,找到可能的新解决方案。课程一经传播,颇受好评。可惜不是所有的家长有机会参加这样的培训。因此,我决定写这本书,逐一阐述"儿童技能教养法"家长课堂这五个模块中的理念。如果你没有机会参加培训课程,可以通过阅读本书，学习这些新的理念。如果你有机会参加培训课程，则会发现这本书能够帮助你获得更大的提升，因为它总结了课堂上传递的所有理念。

这些年我一直受邀到中国传授焦点解决在亲子关系和家庭教育中的应用，眼看就快 10 年了。回顾这段历程，对我来说最大的回馈莫过于看到中国的教育工作者、专业人员，甚至爸爸妈妈乃至祖父母对于"儿童技能教养法"和用焦点解决的方式养育孩子、帮助孩子克服各种问题的热情。我相信，这本书所呈现的理念一定能在中国的家长和教育工作者的内心引发共鸣。如今，越来越多的家长对如何避免惩罚和指责孩子，用表扬、鼓励和合作的方式解决问题产生了兴趣。也许我们正处在一场新的文化变革的边缘，这场变革将帮助我们学会用新的方式来抚养我们的孩子。这些新的抚养方式的特点是快乐、富有创造力、善良、幽默和合作。

热情地欢迎你加入我们的队伍，一起实现我们的使命，让养育孩子成为一件快乐的事！

本·富尔曼

01 如何赞美孩子

称赞孩子很重要，不仅是因为称赞本身能够增强孩子的自信心，最关键的一点是，称赞孩子这种积极反馈是我们成年人能够给予孩子的最有效的影响孩子行为的手段。通过称赞孩子，我们可以持续并有意识地把我们期待的那些行为从孩子身上挖掘出来，并强化这些行为。

原则上，我们都知道怎么去称赞孩子。比如，我们会说：

一般来说,无论你用怎样的方式去称赞,年龄小一些的孩子都能很好地接受并给予回应。但是随着孩子年龄的增长,称赞似乎变得没什么效果了。在大人试图称赞有些大孩子的时候,这些孩子会显得很烦,或者做出不屑的样子。

另外,每个孩子对称赞的反应也不尽相同。有些孩子对哪怕是很随意的称赞都欣喜不已,有些孩子则可能无动于衷。

称赞还有"通胀"的效应。如果你太过频繁地称赞一个孩子,或者总是用同一种方法称赞,效果可能不会太好。因为在孩子们听来,那样的称赞很可能会让他们觉得不够真诚,最终称赞会变得无效。

为了充分发挥称赞的作用,你需要常常变换称赞的方法,尝试各种称赞的方式。你用来称赞的花样越多,称赞的过程就会变得越有趣、越愉快,你就越能说到孩子的心坎里,称赞也就能起到它应该起到的作用。

下面是六个称赞孩子的方法。

方法 1 用感谢来称赞

感谢是一种非常自然的称赞,能够给予孩子积极正向的反馈,也让孩子容易接受。如果你经常使用感谢来肯定孩子的行为,你的孩子会逐渐熟悉感谢的概念,也能够学会在生活中自然地感谢他人。感谢是一个有益的社交技能,能够在人际交往中给人们带来积极的影响。

我看到你清理了房间,真好!

谢谢你教妹妹写作业。

谢谢你能那么迅速地打理家务。

哇,你真是太能干了,都能帮我洗碗了!

谢谢你能在我打电话的时候保持安静。

谢谢你把你的盘子放到洗碗机里了。

试一试

试着在接下来的一周里,你对你的孩子所做的所有事情表示感谢,哪怕是他应该干的。观察你的感谢是怎样影响孩子与你的关系的。

方法 2　闲话式的夸奖

所谓"闲话式的夸奖",是指通过第三方表达的非直接夸奖。比如,妈妈对爸爸夸奖孩子的好,奶奶对爷爷、老师对家长夸奖孩子的好。但是,要设法让孩子"偷听"到这些赞美。

妈妈在电话里对奶奶说(孩子能够听到):
"我真为玛姬感到骄傲。我在家工作的时候,她都能帮助我照顾小弟弟呢。"

爸爸对孩子说:
"你一回家就能马上做作业,太自觉了!等下妈妈下班回来,我们告诉她。"

幼儿园老师先问孩子:"丹,我能把这个好消息告诉你妈妈吗?"得到孩子的许可后,老师转向妈妈说:"丹今天第一次吃饭吃得特别好。他把盘子里的饭都吃光了,还拿了一点儿沙拉呢。真的很了不起!"

英语老师对学生说:"数学老师告诉我,你的代数考试考得很好,祝贺你。"

试一试

用"闲话式的夸奖"做个试验,比如:

(1)在孩子可以听到的情形下跟另外一个大人夸奖孩子。

(2)告诉孩子你听到的另外一个大人对他的称赞。

(3)告诉孩子你打算跟另外一个大人讲一些有关他的好事。

不妨试着把"闲话式的夸奖"用于成年人,比如,跟你配偶的母亲称赞你的配偶,或者跟你的一个同事夸赞另外一个同事。你会发现"闲话式的夸奖"在成年人的世界里也非常有效。

方法 3　非语言赞许

很多孩子，特别是青少年，会更偏爱非语言赞许。你可以用许多不同的方式认可或称赞你的孩子，而不必开口。

跟孩子击掌
（=太棒了）

邀请其他人
来看孩子的成果
（=我为你骄傲）

把孩子做的手工
拍成照片
（=好棒的手工）

试一试

跟家人或者你辅导的一组孩子约定一些手势或者暗号，每当有什么值得庆祝或赞美的事情时，你们就用这些手势或暗号来赞美或者鼓励彼此。经常用这个方法，并引导其他人一起来做。

方法 4　通过提问来称赞

称赞的最终目的是让孩子对自己所做的事、所说的话以及想法产生自豪感。为自己所做的事自豪能够增强他们今后去做同类事的积极性。

通过提问来称赞通常比直接的称赞更能激发孩子对其所取得成就的自豪感。采用这种方法称赞时，成年人并不直接称赞孩子，而是通过对孩子所取得的结果表示好奇，提出问题，来帮助他们引发对自己所做事情的自豪感。

妈妈对孩子说：
"这个涂色涂得真好，这可不是每个人都会的。你有什么诀窍吗？"

爸爸对孩子说：
"你今天没有把作业留到最后一分钟才去做。我知道这对你来说不容易，你是怎么做到的呢？"

学前班的老师对孩子说：

"约翰跟你捣乱的时候，你那么好地控制住了自己。你是怎么做到的呢？你跟自己说了些什么让你变得这么有定力的？"

音乐老师对演奏乐器的学生说：

"你做得这么好，是怎么做到的？你这次是怎么让自己表现得这么好的？你都做了些什么呢？"

试一试

试着用提问的方式来称赞孩子。如果孩子有什么事让你觉得做得不错，展示你的好奇心，试着发现孩子是怎么做到的。试着让孩子告诉你，是哪些想法或者哪些做法帮助他们取得成功的。观察你的好奇是如何影响孩子以及你们之间的关系的。还可以试着把这个方法用于成年人。

方法 5　称赞孩子的努力

如果孩子的表现如你所愿，你会很自然地称赞孩子。有时候孩子的表现并不那么尽如人意，但是他们尽力了，称赞他们的努力就显得非常有意义。

家长对孩子说：

"你已经尽力了，相信你下一次会做得更好。"

家长对孩子说：

"我们注意到你想做得更好。虽然这次不太理想，但确实是一次很好的尝试。"

家长对青春期的孩子说：

"我很欣赏你能够开始考虑提高你的成绩了。这是改变的第一步。"

老师对学生说：

"我发现你今天在努力试着集中精力听讲。我很高兴。"

试一试

鼓励孩子！在接下来的一周，只要看到他们哪怕是有一丁点意愿或者企图朝着你所期望的方向努力，就慷慨地鼓励他们。观察这样的鼓励是怎样影响孩子的。

方法 6　玩笑式的赞美

赞美孩子很重要，但没有什么必要非得把赞美说得过于严肃或干巴巴的。幽默可以强化赞美的效果。

孩子把自己的画作给妈妈看时，妈妈对孩子说：
"这是你自己画的吗？不可能！我真不敢相信自己的眼睛！"

孩子在考试中取得了很好的成绩时，爸爸对孩子说：
"你肯定在拿你老爸开玩笑！你不可能这么能干，因为我从来都没有这么能干过。"

孩子在学校表现突出时，妈妈对孩子说：
"你肯定遗传了我的基因。"

爸爸对孩子说：
"我显然是个很棒的爸爸！因为我居然能培养出这么出色的孩子。"

妈妈告诉奶奶,她那个怕狗的小孙子今天抚摸了小狗的脑袋时,奶奶对妈妈说:"真的吗?摸的不是玩具狗吧?"

妈妈对孩子说:"我不敢相信你的手这么巧。你看,我都是大人了,还做不到这么好。"

试一试

邀请其他成年人参加一个有关"玩笑式的赞美"的讨论。谈论一下你们的父母、祖父母或者其他大人在你们童年的时候曾经用怎样的幽默方式赞美过你们。跟其他人分享一下你们记忆中儿时从成年人那里得到过的最积极的赞美。

孩子对赞美反感怎么办

有些孩子显得特别反感称赞。当大人试图称赞他们的时候,他们会捂住耳朵或者摆出很恼火的样子。如果孩子有拒绝大人直接称赞的倾向,可以尝试使用更多的非直接称赞,比如可以用非语言赞许或者通过提问来表达你的赞美。如果孩子怎么也不愿意接受你的称赞,不妨跟他们就此做一个交流。

大人对孩子说:

"当我看到你做得很棒的时候,就特别想说点什么。但我不确定我该怎么说或者怎么做会让你比较容易接受。你希望我做些什么呢?什么样的夸奖会让你觉得不错呢?"

另外一个选择是,征得孩子的许可后再称赞他。

老师对孩子说:

"我可以夸你一句吗?"待孩子肯定后,老师再确认:"你确定想让我这么做吗?"

妈妈对孩子说:

"我从别的地方听到一些关于你的好事。"待孩子对此产生了兴趣后,妈妈再接着问:"你想知道我听到什么了吗?你确定真的想知道吗?"

一旦孩子许可你称赞他,就会更乐于接受你的正向反馈。

称赞引发了嫉妒怎么办

如果多个孩子在场,而你只称赞其中的一个,就有可能引起其他孩子的嫉妒,或者他们会觉得你是在间接地批评他们。

> 妈妈刚刚称赞了第一个孩子在超市表现良好,第二个孩子对妈妈说:"你干吗只表扬丽萨?难道我表现得不好吗?"

有时候,大人会当着很多孩子的面称赞其中的一个孩子。毫无疑问,孩子确实应该学会接受这样的现实,懂得每个孩子都会因为不同的原因受到称赞。事实上,称赞孩子要做到"一碗水端平"、绝对公平,这一点说起来容易做起来难。更不用说,孩子们本身对称赞的公平性有着近乎苛刻的挑剔,他们常认定大人们称赞别人比称赞自己更多。

为了防止由于在其他孩子面前只称赞一个孩子可能带来的对抗和竞争,可能的话,你也许可以考虑在多子女的家庭环境里或在班级里,称赞所有的孩子,或者称赞一整个组的孩子。

妈妈对孩子说:

"马克,米拉,你们今天表现得这么好,让我给你们俩一个拥抱吧。"

保育员对一小组孩子说:

"我一直都不喜欢你们争吵,可是今天你们每个人对其他小朋友都那么友善、那么可爱,我真的太高兴了。"

学前班的老师对一组孩子说:

"你们在一起玩得真好。你们是一群真正的小天使。"

> 老师对整个班级说：
> "我一直都特别喜欢来到咱们班，就是因为咱们班有一种特别好的氛围。"

> 特教老师对学生说：
> "你们这些孩子都太棒了。每次看到你们专心做功课，我都会觉得，能够做你们的老师太幸运了。"

同时称赞一组孩子，即集体称赞，能够减少嫉妒和对抗。在家里，集体称赞能改善兄弟姐妹之间的关系；在学校里，集体称赞则能够增强班级的凝聚力，帮助孩子建立互助的伙伴关系，可谓好处多多。

还有一个方法可以防止当着所有孩子的面"只称赞其中一个"带来的副作用，这个方法被称为"功劳共享"。其具体做法是，当你称赞某一个孩子的时候，要记得同时感谢其他的孩子。比如，称赞西蒙收拾房间的时候，可以一并感谢他的哥哥杰克为西蒙做了好榜样。称赞西蒙时感谢杰克，可以让两个孩子都很开心。

01 如何赞美孩子

爸爸对孩子说：

"真是不敢相信你这么快就会读《奥罗拉》了。朱迪，一定是你给她带了个好头。"

家长对练钢琴的孩子说：

"你们在一起练琴啊，真好！看到你们兄弟俩能够这样相互帮助，我真高兴。"

老师在早上对孩子们说：

"乔纳森，现在你能够记住举手发言了，真不错！你们大家都非常棒，能够互相提醒。"

老师对班里的学生说：

"丹，我要给你的妈妈写一封信，告诉她，跟上周相比，你这一周能够更好地注意听讲了。作为丹的同学，你们对丹的支持也是功不可没的。"

集体称赞和功劳共享非常简单，却能够有效地改善孩子们之间的互动关系，避免他们彼此嫉妒。

> ### 试一试
>
> 尝试使用集体称赞和功劳共享的方法，去称赞所有的兄弟姐妹或整个小组的孩子；或是当着很多孩子的面称赞其中一个孩子时，记得感谢另外的一个或几个孩子。观察集体称赞和功劳分享是如何影响孩子之间的关系以及你和他们之间的关系的。不妨将这个集体称赞和功劳共享的方法用于成年人，比如，称赞孩子时，记得感谢那个跟你一起养育孩子的人。

不要将孩子跟其他孩子做比较

不要将一个孩子的能力水平跟另外一个孩子去比较,仅仅跟他们从前的自己比较就好了。

孩子间的差异不仅表现在他们的气质和个性上,也表现在他们习得技能的速度上。成年人观察孩子时,几乎不可避免地会拿他跟其他孩子做比较。有些情形下,我们连想都没想就会冲口说出一些让孩子感觉糟糕的话。

> 妈妈在吃晚饭时说:"大卫吃饭吃得真好。比你好多了,杰克,别看他比你还小。"
>
> 老师在班级里说:"女孩子们的作业都做得很好。但对你们这些男孩子,我就没法这么说了。"

孩子们不喜欢大人把他们跟其他孩子做比较。当大人把一个孩子跟其他孩子做比较的时候，那个在比较中显得不太好的孩子很难不感觉糟糕。孩子会立刻表现出他们的不满来。比如，他们会走过去推搡那个刚刚被称赞了的孩子，或者说类似这样的话："你干吗总是称赞她，从来不称赞我？！"

大一些的孩子虽然可能会在当时掩饰住自己的不满，但是过后还是会以这样或那样的方式爆发出来。

> 在老师把学生做了比较以后，一个学生在课间休息时对另外一个学生说："书呆子！"
> 一个学生在他父母面前这样评价他的老师："我真受不了她。她眼里除了那个宝贝，谁都没有。"

要避免当着孩子们的面比较孩子，可以让他们跟他们从前的自己比。

奶奶对孩子说:

"阿瑟,你现在吃饭吃得真好,比我上次来看你们的时候进步多了。你学得不错呀。"

老师对学生说:

"埃伦,你最近的作业完成得很好。你应该为你自己骄傲。圣诞节以后你进步好大啊。"

巧用"五指规则"赢得孩子真心的合作

无论你怎样称赞孩子的好行为，但有些时候、有些事情，孩子就是不听你的话，不肯服从你的要求。比如，尽管你说了一遍又一遍，孩子就是不做家务或者无论你怎么跟他说，他就是一直做那件你不想让他做的事。

对于大人来说，这样的状况实在令人气馁。因为没有更好的方法，大人们经常不得不用一些非常手段来胁迫孩子服从自己的命令，比如绷起脸、提高嗓门、威胁孩子或者用奖励来诱导孩子。

> 妈妈绷起脸对孩子说：
> "你没有听到我说的话吗？赶快把你的玩具放到盒子里！"
>
> ----
>
> 学前班老师对孩子说：
> "我现在数3个数。如果我数到3，你还没有做我让你做的事，你就得坐到那把'淘气椅'上，反省你的行为。"

爸爸对孩子说：
"快点快点，我们来不及了。如果你能立刻停下来，迅速穿上你的衣服，到了商场我就给你买冰激凌。"

妈妈对孩子说：
"别玩你的游戏机了！如果你不马上停下来，我就罚你一星期不准玩游戏。"

校长对学生说：
"你的这种行为在学校是不允许的。如果你再不改正，我就不得不请你父母来学校谈话了。"

下面提出的"五指规则"(也叫"祈愿之手"原则)可以帮助你让孩子集中精力,听到你的请求并愿意服从你,而无须提高音量,也不必威胁孩子或奖励孩子。

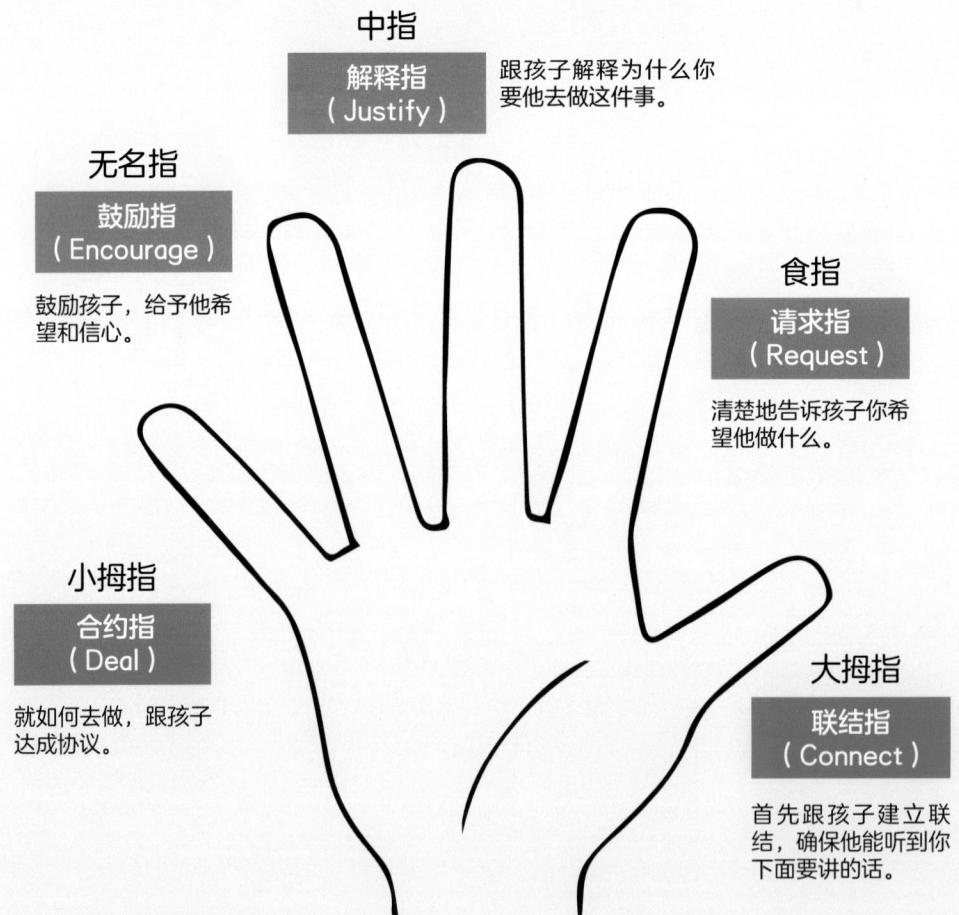

想象你的五根手指有不同的名字：

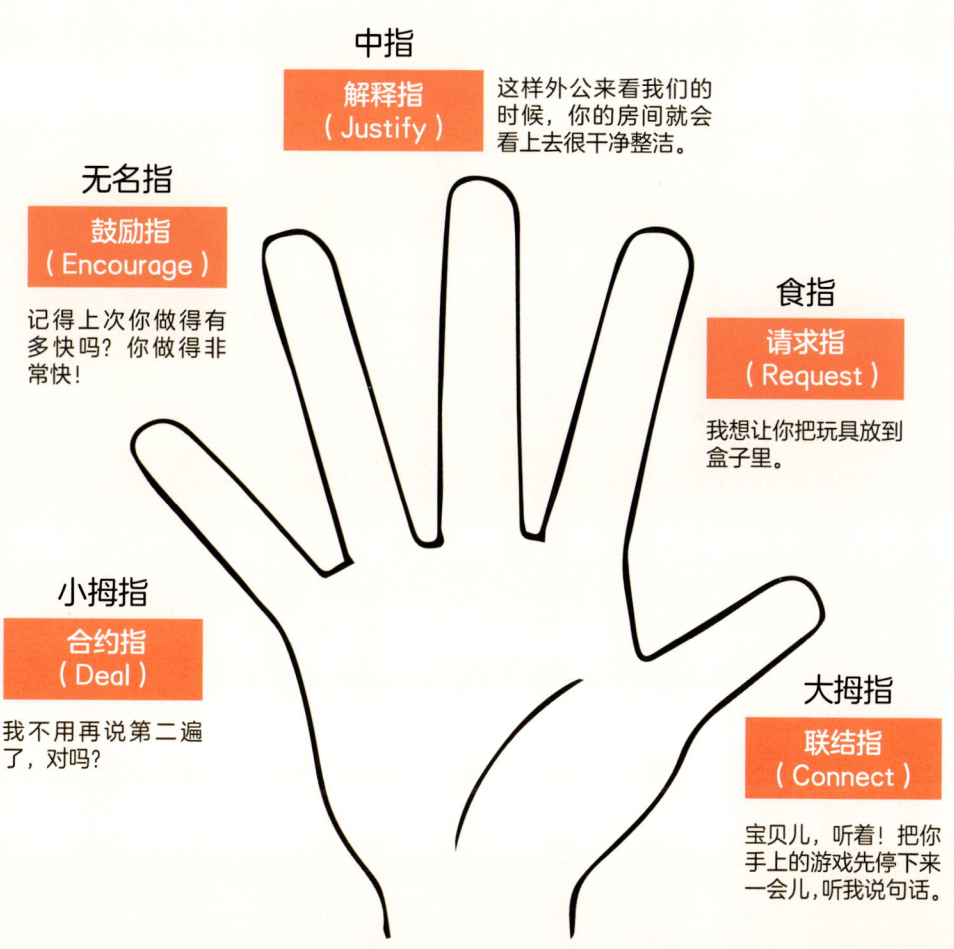

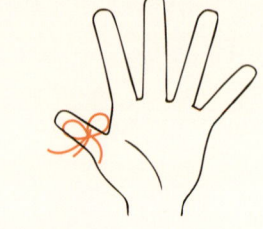

❶ 联结指

为了保证有效沟通,开始讲话时,必须确认孩子听得到你讲的话。

确认孩子听得到你讲的话

如果你的情绪有些激动,首先要做的是让自己平静下来:做个深呼吸,从 1 数到 10,盯着自己的五根手指,用刚刚介绍的"祈愿之手"原则提醒自己。总之,要尽可能地调整自己,让自己能够用平缓的语调跟孩子讲话。

为了让孩子听到你讲的话,要亲切地称呼孩子的小名或者昵称,把你的身姿调整到与孩子同一个高度,让你的视线跟孩子的视线在同一条水平线上,请求孩子倾听你下面要讲的话。

许多青春期的孩子不喜欢眼神的交流。如果是这样,你可以一边做事,

妈妈对孩子说:

"宝贝儿,过来坐到我的腿上。我要跟你说点儿事儿。"

老师对孩子说：

"萨尔，你能在这节课结束后留下来吗？我想跟你聊一聊。"

爸爸对孩子说：

"丹，你能把那个游戏暂时放到一边吗？我需要你听我说句话。"

一边跟他建立联结，比如开车、洗碗或吃饭的时候跟他做不经意的交流，也许会收到意想不到的效果。

如果孩子用手捂住耳朵，对你翻白眼，或者用其他的一些方式表示对你的话不感兴趣，说明孩子也许对这类谈话有一些不愉快的记忆（跟你或者其他人）。在这种情形下，对孩子此前不愉快的感受表示理解就显得非常重要。为了重新建立联结，你需要认真与孩子沟通：

妈妈对孩子说：

"我还是希望咱们能就昨天说过的事再聊一聊。昨天我们都没有控制好，今天让我们都平静下来，再试一次，好吗？"

老师对学生说：

"我知道你不喜欢再去谈论这件事。但这次我会尽量努力让我们做一次好一些的交流。可以吗？"

❷ 请求指

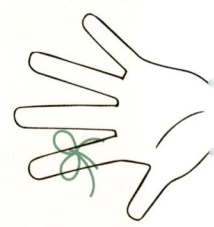

清楚地告诉孩子你想让他做什么

如果你只是禁止孩子去做某件事，孩子很难弄明白大人期望他们去做什么。如果你想把你的意思准确地传递给孩子，不能只是告诉孩子"不要做什么"，而是要明确地告诉孩子你想让他做什么。

比如，你想要孩子停止抱怨。如果只是对孩子说"别抱怨了"，你就不能期待孩子会明白他应该怎么做。类似这样的话并没有什么作用。孩子明白你在说"什么是错的"，但是如果你不给出明确的指示，他并不能自行悟出你想要他们怎么做。

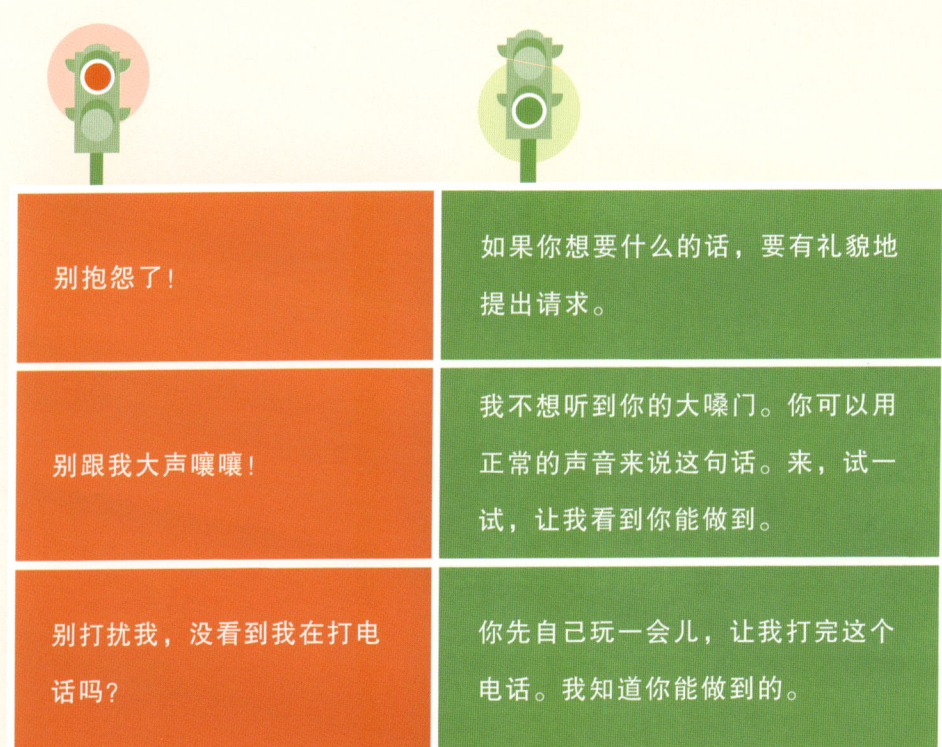

如果你希望孩子理解你的要求,或者希望孩子知道你对他的期望,就要避免模糊和抽象的表达,比如:"乖一点儿!""你就不会为别人着想吗?"相反,你需要尽可能明确而不含糊地跟孩子说你到底想让他们做什么或怎么做。

跟丽萨好好玩！	如果你想玩丽萨的玩具，要先征得她的同意。
真是的，你们就不能乖一点儿吗？	坐在椅子上别乱动。如果需要帮助，就举手告诉我，我会过来帮你的。
你能不能专心一点儿！	把游戏放到一边，看着老师，听她跟你说什么。
你在学校里的行为要得体。	你要待在自己的座位上，只有得到老师的许可才能离开教室。

前面的两根手指——联结指和请求指，可以保证孩子听到和理解你想让他们做什么，但这还远远不够。为了能够成功地让孩子听从你的请求，还需要增加下面的"第三根手指"。

③ 解释指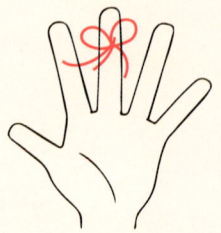

> **帮助孩子理解你的请求**

诚然，用威胁、惩罚或者承诺奖励等办法可以让孩子乖乖听你的。可是好的办法是，让孩子明白为什么你期望他这么做。一旦孩子明白了你要他这么做的道理，他就会心甘情愿地去做，而不是迫于你的压力去做。

在跟孩子解释你的请求时，要多强调这么做的好处，而不是强调不按照你的要求去做的可怕后果。

妈妈对孩子解释，为什么要对别人的帮助说"谢谢"。

如果你不说"谢谢"，别人看到你就会想，你是个没礼貌的孩子。

懂得对别人说"谢谢"的孩子会得到大家的喜爱，以后还可以从别人那儿得到更多的帮助。

爸爸对孩子解释，为什么回家后要先做作业。

如果你不好好做作业，你就会变得像杰克一样，没有工作，也没有钱。你不想那样，对吗？

如果你能早一些在家里做完作业，晚上就会有更多的时间做其他的事，可以按时上床睡觉，第二天上学感觉会更好。你不觉得这样做很值得吗？

老师对学生解释，为什么要按时来上学。

如果你上课总是迟到，功课就会跟不上，我就不得不给你布置比其他同学更多的练习。

如果你能够按时到学校，我就不用担心你。我看到你时心情也会更好一些。同学们也会很感激你，因为我不用把一件事说两遍。你不觉得这对你也很好吗？

跟孩子解释你的请求时，不仅要跟他解释做这件事能给他自己带来的好处，还要告诉他，他这么做给其他人带来的好处。

- 这样一来你就像个大男孩了，你会为自己感到骄傲的，对吗？
- 这样，我和你爸爸就有时间说说话，做一些我们自己想做的事了。
- 我就多了一个为你骄傲的理由！
- 爷爷也一定会为你骄傲的。
- 我就有时间去跑步锻炼了。
- 你就会有一些新朋友了。
- 我就不需要担心你了。
- 你会更享受在学校的学习生活。
- 你和我就会相处得更好了。

你还可以跟孩子一起讨论，让孩子自己去发现做这件事的好处。与其苦口婆心地告诉孩子这么做有什么好处，不如启发他自己去发现好处，因为孩子自己发现一个好处胜过你口干舌燥地对他讲十个好处。

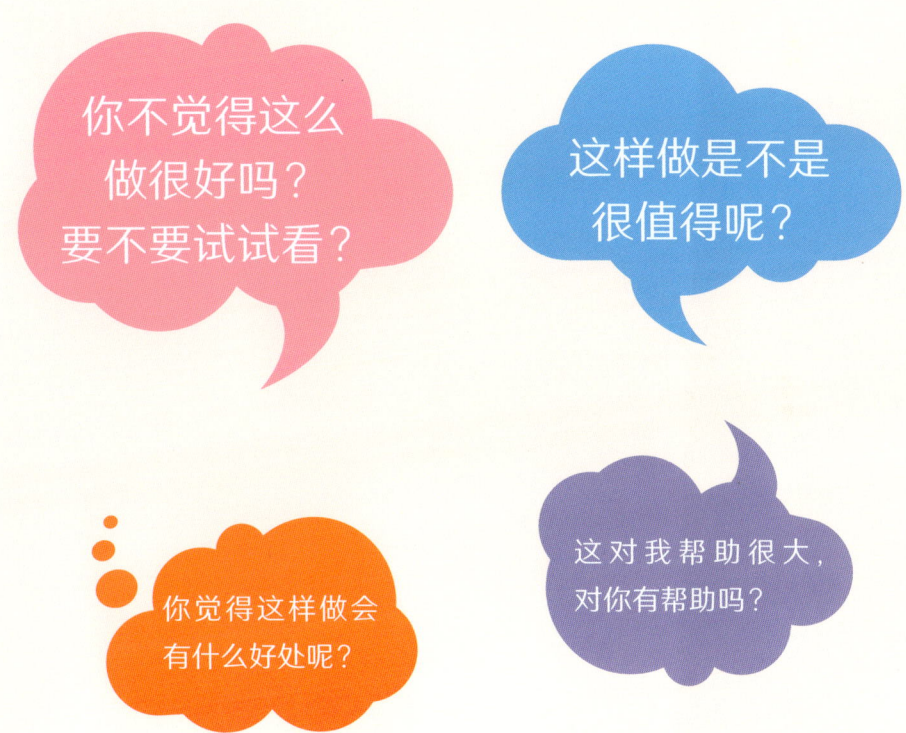

如果你把好处都解释清楚了,孩子还是无动于衷,可以考虑为他准备一份奖励。如果你决定奖励孩子,一定要避免一些物质承诺,像给零用钱或者买玩具之类的;你可以承诺花时间陪伴他们,跟他们一起做一些好玩的事,把这作为奖励。

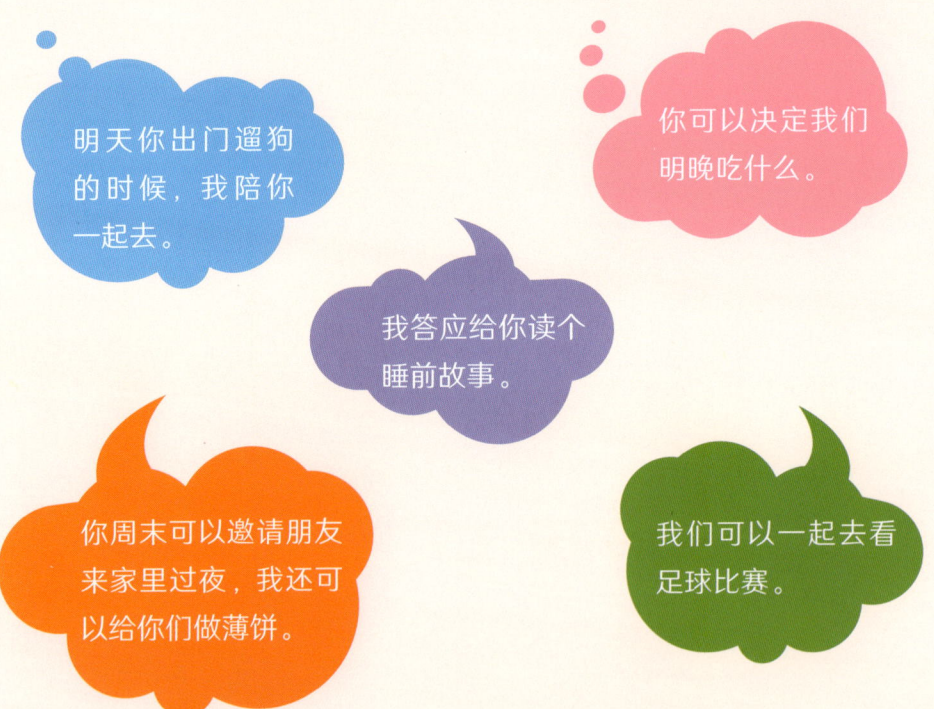

❹ 鼓励指

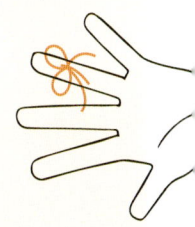

> **通过鼓励来激发孩子的信心**

现在,孩子知道了你想要他做什么以及为什么要做。接下去要做的就是说点儿什么,来激发孩子的信心,让孩子听从你的要求。

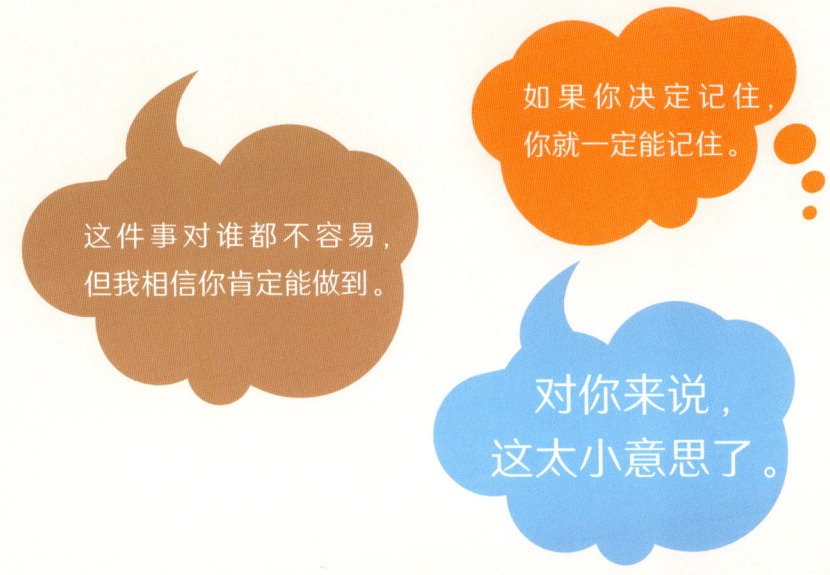

这件事对谁都不容易,但我相信你肯定能做到。

如果你决定记住,你就一定能记住。

对你来说,这太小意思了。

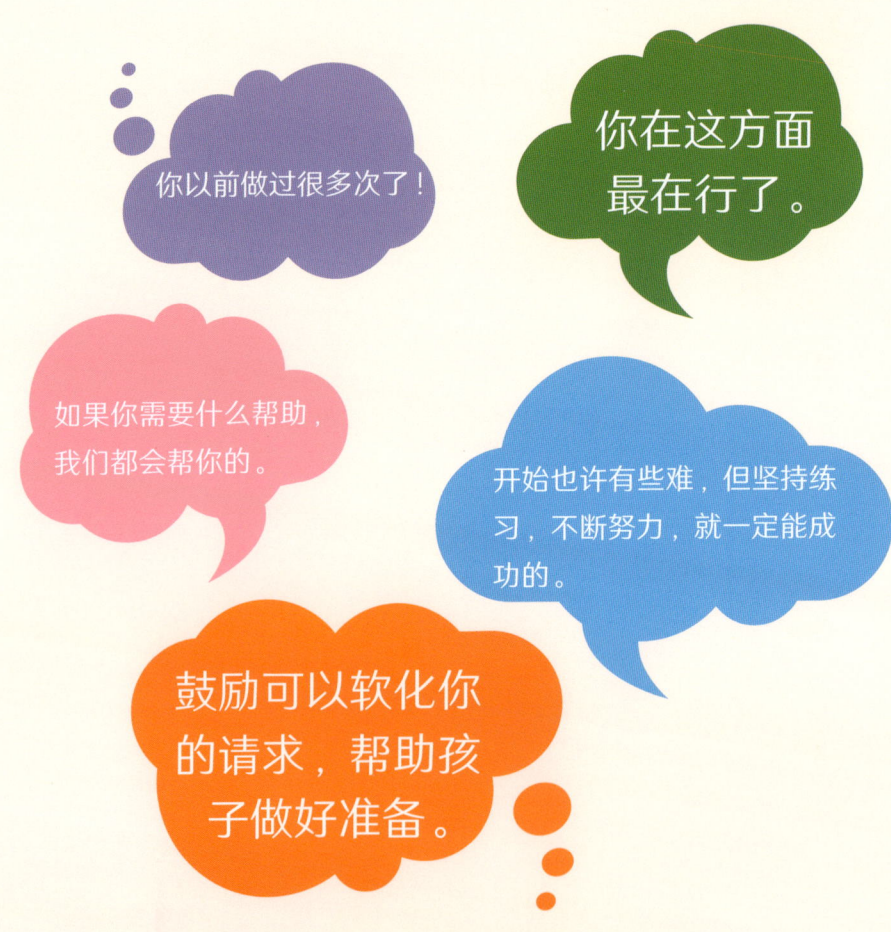

最简单的方法就是称赞孩子，或者说些鼓励他们的话。

这会使孩子感觉你是跟他们在一起的，不是来指责或者批评他们的。

❺ 合约指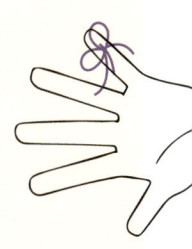

> 约法三章并决定提醒约定的方式

这是完成整个过程的最后一步,要就"要做什么"及"怎么去做"跟孩子达成协议。这一步也可以通过直接给孩子提建议来完成。

我们可否……

……这样可以吗?

或者干脆把任务交给孩子,问一问孩子有什么建议。

我们该怎么做呢?

你有什么建议呢?

以后怎么办?你觉得我们该怎么做才有效?

达成协议后，一定要再次确认。

说这些话的时候，你可以同时摸摸孩子的头，给他们一个拥抱，或者跟他们击个掌。

如果担心孩子会忘记你们的约定，还可以事先跟他们商定一个暗号或手势：需要的时候，你或者其他人可以用这种方式去提醒他们。

1. 孩子承诺在整个途中系紧安全带
爸爸对孩子说:"好!那就说定了哈!
可是,万一什么时候你忘记了,
把扣子解开了怎么办呢?万一发生那样的事,
你想让我说什么来提醒你呢?"

2. 学生承诺上课时坐在自己的座位上
老师对学生说:"让我们再讨论一件事,好吗?
如果你们当中有人什么时候忘记了我们的约定,
你们希望我怎么提醒你们呢?
要不要我给你们做个手势或者发个什么暗号呢?"

收拾你的房间	乔纳森,过来一下,我要跟你说点儿事儿。我想让你在妈妈回家以前把房间收拾好。如果妈妈回来的时候看到你的房间很整洁,一定会很开心的;看到自己的东西被整整齐齐地放回原位,你也会很舒服的,对吗?我知道你很善于收拾你的房间。你会去收拾的吧?需要什么帮助吗?太好啦,谢谢啦。
给天竺鼠清理笼子	莎伦,我得提醒你,该给保罗清理笼子了。笼子清理之后保罗会很舒服的。你一向都做得很快。我不想说两遍,所以我希望你马上就去做,好吗?谢谢啦!
不要说脏话	达尔,我不喜欢你用那个词。你可以用别的什么词来替代那句脏话。那样的话,听起来会好很多,也会让别人更喜欢你。你能用别的什么词代替吗?要是你忘记了,我怎么提醒你呢?好吧,来,击掌!

试一试

练习运用"祈愿之手"去干预孩子的某些你不喜欢的行为。请想想在具体的情境里怎样措辞比较好。

03 如何让养育者通力合作

"养育者通力合作"在这里不仅指孩子的第一监护人之间的通力合作，更指孩子身边所有的人，包括小家庭以外的亲友、老师和其他所有关爱孩子的成年人的通力合作。

养育孩子的重点之一是如何跟孩子互动；另外一个重点则是如何跟孩子身边的所有养育者通力合作。关于如何教养孩子，人们通常持有不同的见解和理念，所以那些围绕着在孩子身边，对孩子充满关爱的养育者因为养育孩子而产生各种意见分歧是非常常见的。

如果大人们就如何教养孩子有意见分歧，就很难让孩子服从大人们的命令。反过来，当大人们站到同一个立场上时，孩子一般就会趋于服从（或者，至少易于服从）。

请把自己想象成孩子，读一读下面的这段对话。作为孩子，在下面的两种情形里听到父母谈论你时，你会怎么想或怎么做呢？

你的妈妈说:"到时间上床睡觉了。刷刷牙,穿上睡衣去睡吧。" 你的爸爸说:"算了,饶了他吧,明天又不上学!"	你的妈妈说:"到时间上床睡觉了。刷刷牙,穿上睡衣去睡吧。" 你的爸爸说:"快,照妈妈说的去做。上床后,我会过去给你道晚安。"
你的老师说:"她需要学习背诵乘法口诀了。" 你的妈妈说:"这有那么重要吗!"	你的老师说:"她需要学习背诵乘法口诀了。" 你的妈妈说:"我同意。我们会在家里尽可能帮助她学会。"

在养育孩子的问题上，如果大人们不能好好地通过交流达成共识，而是互相批评和埋怨，即使是极小的分歧也很容易演变成激烈的争吵。请看下面的这个例子：

> 老师对家长说：
> "列穆在学校干扰课堂秩序。他非常顽固，拒绝遵守课堂纪律。我建议你们带他到儿童家庭辅导中心去看看。"
>
> 家长回应：
> "他去年就没有这样的问题了，那个老师很了解他。你一来，列穆的问题就来了。"
>
> 老师回应：
> "如果你们拒绝合作，不愿意找专家帮助他，我就只能把问题报告给儿童保护中心了。"

下面的七个建议能够帮助你与孩子身边的其他大人密切合作，化解那些因为见解不同而产生的冲突。

建议 1　尽量避免批评或指责对方

当那个跟你一起照顾孩子的大人做了一些事，而你认为他做得不对或者不够明智的时候，你也许会有一种想要批评他的冲动。这种心情是可以理解的。但是如果你真的这么做，通常并不会让你得到想要的结果。因为批评一定会引发他人的辩解，还经常会招致指责，最后往往会演变成一场冲突，让事情变得更糟糕。

妈妈说：
"西蒙一点儿也不听我的话。"

爸爸说：
"可是他听我的呀。也许你该自己照照镜子。他不听你的，我一点儿都不奇怪，你老是冲他喊，好像他没长耳朵似的。"

妈妈说：
"你这么讲话很蠢，知道吗？要是他听我的，我还喊什么！我敢说，如果不是你总这么宠着他，他肯定会听我的。"

建议 2　从欣赏和理解入手　增强对方的合作意愿

想要对方增强与你合作的意愿,一个简单的方法就是表达你对他的感激,欣赏他在养育孩子方面所付出的努力。另外一个重要的方法就是要认真地倾听,尝试理解他在管教孩子方面遭遇的困扰或挑战。

> 要是没有你,我真不知道自己能不能挺过来。真的很感谢你的帮助。

> 你把汉娜管教得真好,我得跟你好好学一学。

> 我特别喜欢你给戈拉德讲故事。我敢说,戈拉德的语言能力发展得这么好一定跟你给他讲故事有关。

| 03 | 如何让养育者通力合作 | 057

> 我真同情你。这孩子这么挑食,给他做饭肯定很不容易。

> 亚历克斯这么爱上幼儿园,就是因为他特别喜欢这里的这些工作人员。

> 做一个老师肯定挺有压力的,你要让这么多的孩子精力集中、保持专注,太不容易了。

> 这年头教育孩子真的不简单,身边那么多的人都在给你支招,又有五花八门的育儿理论,不晕才怪呢。

> 我的天哪,你几天都没有好好睡觉了。你需要休息了。没有人可以这么一天天地不睡觉啊。

建议 3　愿意通力合作

所谓站在同一个立场上，不外乎就是在处理孩子的问题上，一个人表示认同另外一个人的做法。仅仅是让孩子知道家里的大人态度是一致的，就能够大大提升孩子服从的意愿度。

妈妈对孩子说：
"我和你爸爸都认为，一个小时的看电视时间足够了，我们不能破坏规矩。"

爸爸对孩子说：
"你骑车的时候需要戴上安全帽！你奶奶也是这么说的哦。"

幼儿园老师对孩子说：
"我已经跟你爸妈保证过了，我会看着你戴上帽子再到外面玩耍的。"

老师对学生说：
"我跟你父母谈过了，他们也认为学校做的这个决定是对的。"

建议 4 征询意见

有时候孩子不听话或者不按照你的要求行事，你会在心里认定，这是由家里另外一个大人的不当管教方法所致（或者至少是有一部分作用）。

如果你带着这样的看法看另外一个大人管教孩子，也许就会忍不住出面干涉。可是，如果你的经验告诉你，这样的干涉完全没有用，你也可能会忍住不说，但是却心存怨气。或许，你以前曾经忍不住试着干涉过，结果对方不仅没听你的，反过来还为他自己的管教方法辩护，甚至批评你的管教方法。你有过这样的经历吗？

那么，明智的做法是什么呢？明智的做法就是不要告诉别人该怎么做，而是征询他们的意见。

不给他人提意见，而是征询他人的意见，能够搭建出一个合作的基础。因为不管对方有什么样的想法，这些想法都可以为你们之间的对话打开一扇门。即使对方什么建议也没有给，但只要你首先征询了他的意见，他就会变得更愿意去倾听你的建议。

爸爸对妈妈说：

路易斯一点儿也不听我的，就是因为你对她的管教不能保持一贯性。如果你说了她不可以看电视，就绝不能让她看。

路易斯不听我的话。我想我们应该想办法让她听话点儿。你觉得呢？你有没有什么好主意呢？

老师对家长说：

肖恩老是不做家庭作业。你们做家长的有责任保证他完成学校布置的作业。

我们学校的老师们都在想该怎么帮助肖恩学会更好地完成学校布置的作业。你们有什么建议呢？不管怎么说，你们做家长的比我们更了解肖恩，肯定有更好的办法可以帮到他。

建议 5　讨论技能学习　而不是讨论问题本身

想象你的孩子有个问题。他的问题可能是不好好吃饭或者行为举止无礼。你希望找到一个解决方案，于是决定跟你的另一半谈一谈这件事。在你跟对方谈论这件事的时候，你意识到对方在弱化这件事的重要性，或者干脆认为这不是个问题。

当对方"看不到"或者不承认你认为是明摆着的问题时，费力地去改变对方的看法也许根本就是徒劳的。可是，如果能改变你谈话的方式，不去谈论问题，而是讨论你认为孩子应该学习的技能（用于克服这个问题的技能），谈话也许会更成功。

当你不再谈论需要解决的问题，而是开始谈论孩子学习新技能的好处时，对方会更乐意与你合作。

　妈妈说："拉里光吃垃圾食品，根本不好好吃饭，实在太糟糕了。你觉得呢？" 爸爸说："我看不出有什么大不了的，至少他还吃东西呀。"	　妈妈说："我想让拉里学着吃一些健康的食物，你觉得呢？这样会不会对拉里更好一些呢？" 爸爸说："嗯，我也觉得是。"
　老师说："丽塔在学校有很大的问题。但凡事情不合她意她就大发脾气。" 家长说："可是她在家里从来没有这样的问题啊。"	　老师说："要是丽塔能够学会更成熟地处理挫败感，对她该是非常有好处的。" 家长说："我们能在家里做些什么呢？"

建议 6　面对无法接受的行为　应柔中带刚地处理

如果对方的行为让你完全无法接受（比如打孩子、冲孩子大吼大叫、撒谎或不恰当地称呼人），那么你需要尽可能清晰而直接地表达你的感受。不过，如果你希望对方能耐心听你说完并接受你的意见，那么一定要在尊重对方的前提下去表达你的感受。下面的三个步骤也许可以帮到你。

1. 告诉对方，你理解他的感受。
2. 清楚地告诉他，你无论如何都不能认同他的行为。
3. 告诉对方，你愿意为他提供帮助，一起寻找避免这类行为再次发生的方法。

1. 理解

你对孩子这么生气我能理解，她有时候确实也会触碰到我的底线……

2. 不认同

但是我不能接受你这样子冲她大吼大叫。

3. 提供帮助

让我们一起想想看，除了大吼大叫，还有些什么不一样的办法。我愿意尽力帮你找到。

1. 理解

你下班回家后，感觉想喝点儿啤酒放松一下，我能理解。

2. 不认同

但是我不能接受你在孩子们面前酗酒失控的样子。

3. 提供帮助

我不希望再发生这样的事。所以我想跟你达成约定，让我们保证今后绝不再发生这类事情。

建议 7　变批评为对话

有没有这样的情形？你已经极尽所能地试着婉转又体贴地跟对方沟通，却还是无法保证对方能如你所愿地跟你配合。比如，对方总是用攻击性很强的方式批评和指责你的做法。遇到这样的情形，你该怎么办呢？

> 你这个妈妈太差劲了，难怪孩子有这么多的问题。
>
> 你那样对待她，她要是出现情绪问题，我一点儿都不奇怪。你就等着瞧吧。
>
> 你对孩子一点儿约束都没有，什么都由着他。你要是想让他像点儿样，就得给他立点儿规矩才行。

如果你发现自己已经处于被攻击的困境中,请深呼吸,从 1 数到 5,心里默默地想着:你对面的这个人比你更需要学习如何做父母……无论怎样,请把你的怒火搁置一边,保持冷静。努力"解除武装",不要为自己辩解,而是要尽量争取合作的机会,问问对方对这些问题有什么更明智的做法。

你看上去像是有更好的主意。能告诉我,你有什么建议吗?

面对批评,放下你内心的真实想法,仅仅表现出你对批评内容本身感兴趣,就可以让对方冷静下来,从而把指责和批评变为交谈,双方开始彼此倾听。这种做法至少从理论上来说,有机会让我们用合作的方式来解决问题。

试一试

把孩子身边关爱孩子的大人的名单列出来,想出他们每个人为孩子做过的至少一件值得你感激的事来。一旦有机会,就他们所做的那件事向他们表达你的感激。观察一下,下一次管教孩子的时候,你的正向反馈是怎么影响他们的行为的,会不会让他们更愿意跟你合作。

04

如何化解孩子成长中的问题和困扰

孩子在成长过程中的每个阶段，都会遇到这样那样的问题或困扰，比如，孩子会有各种坏习惯，有不同类型的恐惧症、有坏脾气、会做噩梦等。这些问题经常会跟睡觉、吃饭、讲卫生、大小便、待人接物有关。孩子们遇到这些困扰的时候，做家长的要想方设法地寻找一些解决方案。这对家长来说是一个很大的挑战。

这一章里，我会教给大家一个简单的方法。这是从焦点解决心理学发展而来的一个方法，你可以使用这个方法来帮助你的孩子解决各种问题。

大多数的孩子都不喜欢跟大人讨论他们的问题，但讨论为了克服问题而需要学习的技能则很容易为孩子们接受。幸运的是，对于大多数的问题，我们都可以把焦点放到需要学习的技能而不是分析问题上。这是因为无论孩子的问题是什么，都会找到一个相应的需要学习的技能，一旦孩子掌握了这个技能，就能帮助他们解决那个问题。

为了帮助孩子解决问题，首先要帮助孩子找到那个需要学习的技能。一旦孩子同意学习这个技能,你就可以开始跟孩子一起制定掌握这个技能的计划了。

为了有效地使用这个方法,确定要掌握的这个技能必须是清晰具体的。这也就是说,这个技能应该是孩子们可以展示出来的,是家庭成员和朋友们也可以具体支持孩子们练习的。

这个方法叫"儿童技能教养法",可以归纳为如下十步:

第一步 明确问题。

第二步 找到孩子解决当前问题所需要学习的技能。

第三步	跟孩子解释,你想让他学习的这个技能是什么。
第四步	帮助孩子了解学习这个技能的好处。
第五步	让孩子给技能起个酷酷的名字。
第六步	帮助孩子想一想哪些人可以支持他的技能学习。
第七步	帮助孩子策划掌握技能后要如何庆祝。

| 第八步 | 帮助孩子想一想，怎么能够记住这个技能，怎样练习，以及其他人看到他展示技能的时候要怎么鼓励他。 |

| 第九步 | 帮助孩子想一想，如果他一时忘记了这个技能，希望他的支持者怎样提醒他。 |

| 第十步 | 庆祝的时候，请孩子感谢他的支持者。 |

孩子需要学习什么技能

我们很容易看到孩子的问题，但确定孩子需要学习的技能并不容易。这里给出的两个建议也许可以帮助你把问题转化为可以学习的技能。

1. 确保要学习的技能是"学会正确的行为，而不是停止错误的行为"。

技能不能是"不做什么"，而是"要去做什么"。按照这个规则，我们不能把"不打扰别人"或者"不打人"之类的要求定义为要学习的技能。"说话之前请求许可，耐心等待，轮到自己的时候再说话"，或者"生气时，我要把手放在兜里；如果需要特别帮助来安抚自己的情绪，就去找老师"这样一类的描述就可以被当作要学习的技能。

· 当你觉得想吸吮手指的时候，可以做些什么来替代把手指放到嘴里呢？

· 当你感到有想说脏话的冲动时，可以说些别的什么来代替呢？

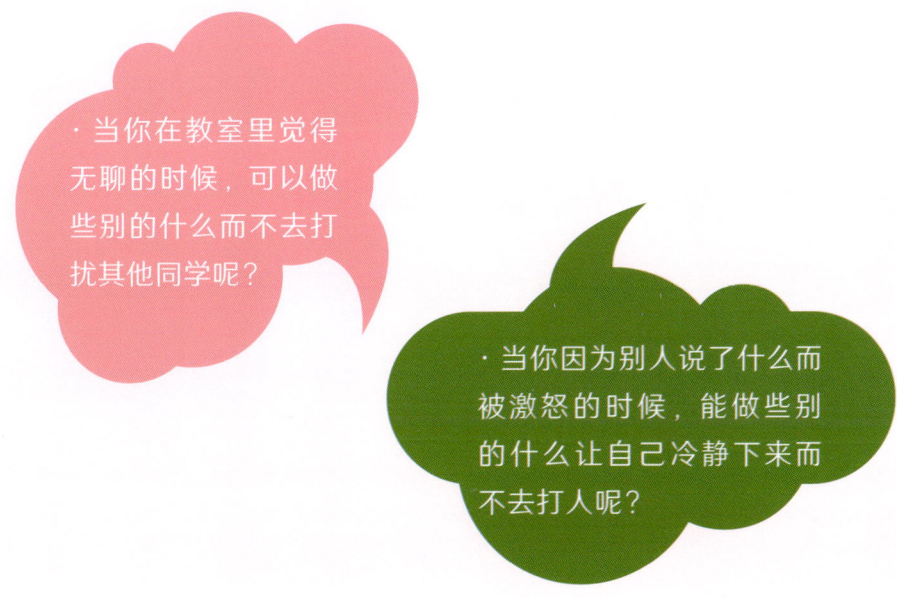

有些提问可以帮助孩子去思考哪些技能能够帮助他们改掉那些坏习惯。

2. 要确保这个技能是具体的、清晰的，而且是可操作的，这样孩子就能展示出来；可以通过角色扮演来练习，并在每天的生活中展示出来。

要学习的技能应该不是那种模糊的和没法定义的概念，比如，"我需要学习规范自己的行为"或者"我要试着端正态度"都不适合作为孩子去学习的技能。要学习的技能必须是具体的，比如，"我要学习得到老师的允许后再说话""我要学习有时候可以让别人先来"或者"我要学习遇到不开心或者生气的事情时去告诉大人"。

下面是一些孩子常见的问题以及需要学习的技能：

问题	需要学习的技能
孩子已经够大了，还在用纸尿布。	孩子需要学习每天定时使用便盆或马桶。
孩子一不顺心就发脾气。	孩子需要学习用更成熟的方式表达他的挫败感，比如，说一些类似这样的话："我真失望"或"下一次再试试吧"。

孩子跟其他孩子有矛盾时，会有打人的倾向。	孩子需要学习用更成熟的方法去应对令人气恼的情形，比如，被别人的行为激怒了的时候，孩子也许可以学着把手放到口袋里，或者用脚跺一跺地板（而不是动手打人）。
孩子说脏话。	孩子需要学习礼貌用语。可以学着用另外一些词语替代骂人的脏话，来宣泄情绪。
孩子样样抢先。	孩子需要学习给别人机会，经常礼让其他孩子。
孩子不能忍受"无法完成"，遇到挫败就放弃努力。	孩子需要学习承认有些事很不容易，可以请其他人来帮助自己。

激发动机

这里有五个有效的方法可以帮助孩子强化学习新技能的动机和愿望。

1. 邀请孩子跟你一起去发现他需要学习的技能。

不是直接告诉孩子你希望他学习什么技能,而是邀请他跟你一起去想一想:"为了解决那个问题,需要学习什么技能呢?"

> 你需要学着怎么说或者怎么做,才能避免跟小伙伴发生冲突呢?

> 你需要学习一个什么技能,就可以不破坏课堂秩序,让老师放心呢?

当你感觉懊恼的时候，需要学着做些什么才能不懊恼？

你需要学着怎么做，半夜醒来后就不会打扰爸爸妈妈了呢？

当你觉得自己要半途而废的时候，需要学会跟自己说一句什么话呢？

2. 使用"我们"来替代"我"。

如果孩子知道学习技能不仅仅是他自己的事,他身边所有关爱他的人都希望他能够学会这个技能,那么他的学习积极性就会更高。

> 妈妈对孩子说:"我们,包括你的爸爸和你的爷爷奶奶,都希望你能学着在……方面变得好一些。"

> 学前班的老师对孩子说:"我跟你的爸爸妈妈谈过了,他们也认为,如果你能在学前班学会……,对你会很有好处的。"

> 老师对学生说:"你的朋友们也觉得是这样的,如果你能够学习……,会对你的……很有帮助。"

3. 谈论学习技能的好处。

孩子越是了解学习某个技能的好处，他们的学习意愿就会越强烈。因此，跟孩子好好聊一聊学习技能的好处是十分必要的。

> 你觉得学习这个技能对你有好处吗？
>
> 为什么学习这个技能很重要呢？
>
> 如果你在……方面变得更好了，会给你带来其他什么好处呢？
>
> 你觉得学习这个技能能够帮助你更好地跟朋友相处吗？
>
> 要是你有了这个技能，在学校里会不会变得更开心呢？
>
> 你觉得有了这个技能，能让你的心情变得更好吗？
>
> 这个技能能帮你避免麻烦吗？

4. 承诺为孩子举办一个庆祝会。

所有的孩子都喜欢这样的提议:"当孩子们掌握了他们需要学习的技能后,为他们举办一个庆祝会。"庆祝会不一定要像庆生会那样隆重,它只是提供一个机会,让孩子跟其他人在一起做喜欢的事,比如一起看电影、一家人一起到孩子喜欢的餐厅就餐或是一起踢足球。增加"举办一个庆祝会"这个环节,会让孩子们学习技能的意愿更强烈、积极性更高。

5. 让学习技能成为一件有趣的事。

如果技能学习是一件乏味的事,孩子们很快就会失去学习的兴趣。因此,让学习技能变成一件有回报和有趣的事非常重要。可以让孩子参与发明一些好玩的游戏来练习,或者通过角色扮演来练习技能,而不是干巴巴地去训练。另外,很重要的一点是,看到孩子练习或展示技能的时候,支持者一定要记得给予孩子足够的关注和称赞。

支持孩子

如果孩子们觉得要学习的技能很难,又没有人支持,他们是不愿意去学习的。所以,一定要让孩子指定一些人(成年人和小朋友都可以)来做他的支持者。支持者可以用不同的方式来支持孩子们学习技能。

1. 祝贺孩子能够选择去学习这样一个技能。
2. 看到孩子展现技能的时候称赞他。
3. 在孩子一时忘记技能的时候,友善地提醒他。

· · ·

提示:

《儿童技能教养法》和《从故事里学儿童技能教养法》这两本书里面提供了很多运用"儿童技能教养法"支持孩子克服各种困难的案例。那些案例对"儿童技能教养法"的应用做了很多生动且具体的阐述。

六大步骤 有效处理孩子的不当行为

所有的孩子都会做一些错的、不适当的、甚至是违禁的事情，比如撒谎、欺负弱小、体罚他人、不经允许顺走别人的东西、逃课、损坏他人物品、私闯违禁区等。当孩子做了这些错的或者违禁的事情时，大人就需要用这样或那样的方式去干预，让孩子意识到自己做了错事，并且明白以后不能再做类似的事情了。

很多成年人会对孩子的不当行为进行这样或那样的惩罚，这是在世界各地普遍流行的做法，为的是让孩子不再做同样的事。"惩罚"的目的是要孩子记住他们做错了，如果下次再做就会遭受同样的、甚至更严重的惩罚。

惩罚犯错的孩子听起来似乎很有道理，也很理性，但现实生活中的实践结果却不尽如人意。几乎所有的家长和教育工作者都能看到，那些因犯错而被惩罚的孩子其实并没有像期待的那样改正错误。尽管被惩罚了，他们还是一而再，再而三地犯同样的错误。这里，我愿意提供一个不一样的方法去处理孩子的不当行为。

引导孩子为自己的行为负责

当孩子做了错事或是违禁的事情时,我们应该先冷静地想一想,这个时候怎样处理才是最明智的。我们应该记住,惩罚并不总是最好的处理方式,有些时候惩罚甚至会让事情变得更糟。一定有其他更好的选择。选择之一就是运用下面的六步法,引导孩子为自己的行为负责,弥补他们的行为所带来的伤害。

第一步,跟孩子谈论发生了什么,让孩子告诉你他到底做了些什么。

第二步,帮助孩子理解为什么说这么做是错的,错在哪里。

第三步,帮助孩子想清楚他要为什么道歉和怎样道歉。

第四步,帮助孩子想一想怎样去弥补他的不当行为所造成的伤害。

第五步,请孩子承诺不再犯同样的错误,并帮助他想一想怎样做才能令他信守承诺。

第六步,请孩子发挥自己的作用,去帮助其他孩子不犯同样的错误。

第一步　跟孩子讨论事件

如果做了错事的孩子知道他们有机会去道歉以及弥补他们的行为所造成的伤害，而不是被惩罚，与孩子讨论发生了什么以及他们做了些什么还是比较容易的。我用两个实例来详细解释上面所阐述的六个步骤的每一步：一个是妈妈跟女儿的谈话，这个女孩不经别人允许擅自骑走了别人的自行车；另一个是校长跟一个学生的谈话，这个学生在课上对老师有不敬之举。

妈妈对孩子说：

"你骑了苏艾的自行车，还把它丢到沟里，这样做是不对的。现在我们需要一起想想，怎样弥补苏艾的损失。先告诉我发生了什么，好吗？"

校长对学生说：

"我听说你在宗教课上对老师竖了中指。这种行为在我们的学校里是不能接受的。我可以帮助你想想看该怎样弥补，但我首先想听你说说到底发生了什么。"

第二步　帮助孩子理解为什么这样做是错的

孩子做了错事或违禁的事后，大人们经常会问孩子为什么要做这件事。"你为什么要踢那些花？""你为什么讲话那么粗鲁？""你干吗对别人总是那么无礼？""你为什么上学老是迟到？"……一般来说，孩子们并不了解自己有不当行为的深层原因，况且大人们也并不是真的对所谓的原因感兴趣，而这个问题问起来更像是在指责，所以类似"为什么你要这样？"的问题其实是另一种方式的说教。还是省省你的"为什么你要……"这样的问题吧，不如直接帮助孩子好好想想他们的错误行为所带来的不好的结果和伤害。

帮助孩子开始对自己的行为感觉后悔的最好方法是帮助他们意识到不当行为所产生的后果。

妈妈对孩子说:

"你是不是也觉得这样做是不对的呢?为什么是不对的呢?你能不能说说看,为什么不经别人许可就骑走别人的自行车或者拿别人的东西是错的呢?"

校长对学生说:

"学校规定学生不能对老师说脏话或竖中指,你觉得这个规矩有道理吗?我们为什么要定这样的规矩呢?你为什么觉得这个规矩有道理呢?"

第三步　帮助孩子想清楚他为什么要道歉和怎样道歉

当要求孩子为自己的不当行为道歉的时候,你要帮助他们想清楚到底是为什么错误道歉以及怎样才是好的表达歉意的方式。

妈妈对孩子说:

"你打算向苏艾道歉吗?如果你明天见到苏艾,打算怎么做呢?是给她写一封道歉信呢,还是用其他什么方式来告诉她你很抱歉呢?"

校长对学生说:

"很明显,你做错了。你打算怎么道歉呢?你是不是已经有一些想法了?你要为哪部分道歉?在什么地方、什么时候去道歉?好好想一想,我们不着急。"

不能强迫孩子去道歉。强迫下的道歉不会是发自真心的;它不能帮助孩子多一份领悟,更不能真正改善孩子和被伤害人之间的关系。

如果道歉是以书面形式完成的,或者能够当众向被伤害者表达孩子的歉意,那么孩子的道歉就会显得更有诚意、更容易被接受。

第四步 帮助孩子想一想怎样去弥补伤害

即使再有诚意,道歉本身都不足以弥补被伤害人所受的伤害。除了道歉,孩子也需要给被伤害人一些补偿。

有些时候提供赔偿是唯一可行的做法,比如,当孩子偷了或者毁坏了别人的东西时。然而,在大多数情形下,让孩子去为受害人做一些好事来抵消做错事导致的伤害,结果会更好。

一定要记住,即使孩子能够提出这样或那样的补偿方案,最重要的还是被伤害人的态度,要由被伤害人来最后决定他到底想要怎样的补偿。

妈妈对孩子说：

"你觉得只要跟苏艾道歉就够了吗？你觉不觉得还可以为苏艾做点儿什么？你想不想送给她一点儿什么东西，或者跟她一起做点儿她喜欢做的事？"……"嗯，真是不错的主意。让我们问问苏艾是怎么想的，好吗？"

校长对学生说：

"这件事，仅仅给宗教课的老师道歉，我觉得是不够的。我想，你需要做点儿什么才能弥补你的不当行为所带来的伤害。比如说，你愿意给老师帮点儿忙或者做点什么事吗？也许我们可以问一下老师，除了道歉，你还能做些什么来弥补，好吗？"

第五步 请孩子承诺不再犯同样的错误
并帮助他想一想怎样做才能信守承诺

当孩子做坏事被抓到的时候,他们经常会立刻承诺"再也不做了"。可是,如果他们以前就做过类似的事,这样的承诺根本就无法保证什么。为了让孩子能够信守承诺,要试着跟孩子达成协议:"如果你下次再做这样的事,该怎么办?"

如果下次遇到类似的情形你会怎么处理呢?
为了避免再犯类似的错误,你需要学习什么,或者你需要在哪些方面有所改进呢?
要是你以后还是做了类似的事,你要怎么办呢?
如果你以后又做了类似的事,你觉得我(我们)该怎么做呢?

承诺很重要,但为了让承诺更有分量,应该引导孩子积极参与这样的讨论,或者达成协议:"如果再犯,就这样办……",以保证孩子能够信守承诺。

妈妈对孩子说:

"你保证不再做这类事了吗？好，来握个手吧！如果下次你忍不住又拿了人家的什么东西，怎么办？你能一直记住在拿别人的东西之前征求别人的许可吗？要是别人不同意借给你，怎么办？"

校长对学生说:

"你说你以后再也不做这样的事了，很好！你能保证吗？要是你以后不小心又做了这样的事，你自己说说我们该怎么办呢？我们来达成一个协议吧，看看万一再次发生这样的事该怎么办，好吗？我不是对你遵守协议没有信心，我只是想确保这件事不再发生。不要着急，你可以好好想一想再告诉我。"

第六步　让孩子告诉你　他会如何帮助其他也做了类似事情或有可能去做类似事情的孩子

我们要帮助孩子用更广阔的视角去检视自己的行为，而不只是纠正他自己的错误，还要看到这也许是很多孩子都有的问题。当孩子能够进一步思考怎么帮助其他可能犯同类错误的孩子不再犯错时，他就能有更深层的理解，也就更加明白什么叫为自己的行为负责了。

妈妈对孩子说：

"如果你看到其他孩子不经别人允许就拿了别人的东西，你会跟他们说什么呢？"

校长对学生说：

"你也许不是学校里唯一对老师竖中指的学生。你愿意做些什么事来改善老师和学生的关系，或者来防止此类事情再次发生呢？在这方面，你能想到哪些方法来发挥你的作用呢？"

如果孩子不承认自己做错了 怎么办

有时候孩子会坚决否认自己该承担的责任,即便所有的证据都表明他应该为此事负责。如果你怀疑是这个孩子做了错事,但又没法证明,你依然可以通过上述步骤解决问题。你可以这样做:

妈妈对孩子说:

"我现在还不能完全确定到底是谁划伤了邻居的车子,但我确信我们一定能及时查出来。你觉得查出来以后我们该怎么做呢?是不是要惩罚一下这个肇事者呢?还是有更好的方法去处理,比如,让他道歉,再用一些方法去补偿?你觉得呢?"

校长对学生说：

"我不知道你们当中哪些人参与了商店的偷窃事件，我想我们会很快查出来的。在此期间，我想跟你们聊聊，看看有什么好方法去处理这件事。我不觉得惩罚是最有效的方式。你们觉得有什么更好的方法吗？这样会不会更好一些？比如，让那些做了错事的人自己当面跟店主道歉，并且保证退还从商店里拿走的钱。你们觉得呢？"

> **试一试**
>
> 试试上面所给出的方法。回想一件你自己曾经做错并伤害到他人的事,按照上述的步骤写一封道歉信给这个人。

· · ·

提示!

你可以在 http://www.benfurman.com/selfhelper/index3-chinese.html 上找到免费的计算机应用软件"道歉信"。这个应用软件能够帮助你起草一封道歉信。道歉信的内容应遵循本章所述原则,涵盖所有的重要元素。

写在最后的话

当您阅读这本书的时候，我希望您能够明白我的用意并不在于告诉您正确的育儿方式，我只是想告诉您一些实用的方法，希望能够帮助您改善与孩子的关系，能够享受养育孩子的过程。

这本书要送给您的建议可以归纳为五点：

1. 用各种方式去称赞、感谢和鼓励您的孩子。如果您想强化孩子的正确行为，正向反馈是最有效的方式。正向反馈也能大大地增强孩子的自信心。

2. 要影响孩子的行为，不必用那些老掉牙的方法，如给他脸色看、大吼大叫、咆哮训斥、贿赂收买或者威胁等。你只需记住使用这本书里提供的"祈愿之手"原则跟你的孩子沟通，就能够使他更愿意服从你，而没有抗拒和难过的感觉。

3. 你要明白一件事：孩子的养育者之间的合作越好，就越容易影响孩子的行为。如果你发现你跟你的配偶合作不好，最好不要去指责对方。可以考虑用建设性的对话激发对方的合作意愿，双方通力合作。

4. 孩子有问题的时候，要避免自我责备，也不要指责他人。可以帮助孩子想想看，他需要学习一个什么技能或者培养一种什么能力，就能解决这个问题了。确定了具体的技能之后，就要一起支持孩子去掌握这个技能。

5. 所有的孩子都可能会犯错，不定在什么时候会做一些不当的事。事情发生以后，不要浪费时间和精力去对孩子发火或者寻找惩罚的办法。相反，你可以借机引导孩子们为自己的行为负责，跟他们讨论他们做了什么以及为什么这样的行为是错的。帮助他们想想如何道歉，如何修复与被伤害人的关系并恢复名声。

如果您不仅在跟孩子、甚至在跟其他养育者的沟通中能够尝试采用上述五个建议，肯定能够大大地改善您自己以及身边其他人的生活质量。